LK 1003.

L'HIVER
A BIARRITS

PAR

M. J. C

(Extrait du Courrier de Bayonne des 14 et 15 Mars 1862.)

BAYONNE

IMPRIMERIE DE Ve LAMAIGNÈRE, RUE CHEGARAY

1862

L'HIVER
A BIARRITS

PAR

M. J. S.***

(Extrait du Courrier de Bayonne des 14 et 16 Mars 1862.)

BAYONNE,

IMPRIMERIE DE Vᵉ LAMAIGNÈRE, RUE CHEGARAY, 39.

1862.

L'HIVER A BIARRITS.

Pourquoi ce pays, privilégié entre tous, qui compte en été une saison de bains si célèbre, n'aurait-il pas sa SAISON D'HIVER, alors qu'il peut encore offrir tant d'avantages aux étrangers ?

En effet :

I.

SALUBRITÉ.

Son climat tonique au plus haut degré, surtout dans les temps froids, préserve le corps de ces sensations glaciales si appréhendées par les habitants des terres ou du littoral de la Méditerranée, que sa position ne défend pas suffisamment contre la bise du Nord.

Sous l'influence, presque continue en novembre, décembre, janvier, février, mars, des vents Ouest ou Sud, il présente l'alternative d'un air *fortifiant*, — imprégné d'éléments salins qu'envoie, sans relâche ici, la vague toujours mouvante — ou *chaud* — à élever le thermomètre souvent à 15, parfois à 18, 20 degrés, et embaumant alors l'atmosphère des émanations balsamiques de la montagne. —

D'après les observations faites cet hiver, qui a été relativement plus rigoureux dans les contrées méridionales que dans celles septentrionales, sa température *moyenne* (relevée sur un thermomètre exposé au Nord) a été, en décembre, janvier, février, de 7 degrés à 8 heures du matin, et de 10 degrés à midi.

Si dans la période la plus rude, la moyenne a été aussi douce, que penser des mois d'octobre, novembre, puis de mars et d'avril !

On peut voir alors de hardis baigneurs, autorisés sans doute par l'expérience de leur tempérament, s'élancer à l'eau et en retirer des bienfaits que la docte science ne peut méconnaître.

Mais en tous temps de la mauvaise saison, les bains de mer chauds sont possibles aux personnes moins osées qui, d'après l'avis d'un médecin, voudraient ajouter aux effets, déjà si puissants, de l'air ici : un établissement permanent leur en offre la facilité.

De la neige, point.

Elle ne fait, sur cette plage, que de très-courtes apparitions, à intervalles fort éloignés.

Aussi, cet émissaire de l'hiver, qui ailleurs n'apporte que tristesse et désolation, y est-il salué avec le plus joyeux empressement. Le travail chôme, le pays est en fête, et tout le monde se porte au dehors : enfants, jeunes gens, vieillards, l'accueillent à l'envi.

Mais le jeu par lequel on célèbre le plus volontiers sa venue, consiste à traquer de tous côtés, dans tous les coins, les pauvres petits oiseaux que ce glacial manteau surprend, engourdit et tue.

Le messager, après avoir éveillé une telle allégresse, disparaît aussitôt, sans inspirer, selon son habitude, le déplaisir, le dégoût, par le désordre et la saleté de son aspect, — conséquence nécessaire d'un séjour trop prolongé. —

Il a compris qu'ici le soleil règne en souverain...

D'ailleurs, le vent de mer, s'il ne l'a chassé tout d'abord à la montagne, en fait prompte justice sur place.

Quelle santé, dans un pareil milieu, ne trouverait à se refaire ?

Certes, de toutes les cures la plus simple, la plus agréable et incontestablement la plus sûre (souvent aussi la seule praticable), c'est bien la cure d'air : or, quelle force ne puise-t-elle pas ici !

Que de maladies d'affaiblissement, de langueur, ont disparu déjà sous un tel souffle, énergique à l'excès !

II.

RESSOURCES.

Et ne vous préoccupez pas du *confort* de la vie, vous tous que le besoin ou le plaisir peuvent appeler dans cette contrée. Vous l'y rencontrerez, sous toutes les formes, et plus qu'à suffire.

La saison d'été n'a-t-elle pas préparé celle d'hiver.

Au dedans, vous serez reçus avec une politesse, une grâce, une obligeance extrêmes, par une population distinguée qui vous offrira, à des prix exceptionnellement modiques, des habitations où rien ne vous manquera.

Au dehors, une administration intelligente, active, infatigable dans sa marche que rien n'arrête, vous aura dessiné et ménagé avec soin de charmantes promenades à travers roches, au bord de la mer, sur les places publiques, les chemins, les routes.

Voulez-vous savoir maintenant où elles conduisent toutes ces issues attrayantes à l'envi, je vais vous l'indiquer du doigt, — mais du doigt seulement, car je veux vous en laisser la surprise — :

En quelques heures, vous arriverez à Cambo, Saint-Jean-de-Luz, l'Espagne, les Pyrénées, enfin !

Si vos aspirations ne sont pas tellement ardentes, et que les merveilles qui se présentent sous vos pas satisfassent votre curiosité, — prenez, Monsieur, votre canne, et vous, Madame, qu'un soleil toujours brillant, toujours chaud, pourrait incommoder, votre parasol en toile écrue, renforcé à l'intérieur de soie verte,
Puis suivez-moi, je vous prie.

III.

Promenades.

A la côte des Basques et sur la falaise, prenons ce sentier large et commode, bordé d'un côté par la mer, et de l'autre par les premières assises des Pyrénées.

Cheminons jusqu'à cette montagne de sable, qui bientôt se dresse devant nous.

A droite, une échancrure sur la mer;
A gauche,
— Quoi donc?
— Une allée de parc, entrons.

Un moulin, dont le toit à ras de la chaussée produit le plus singulier effet, s'ouvre sur un parterre en contre-bas; sur la hauteur, des chaumières blotties dans les arbres et cernées de champs de maïs; la culture et la vie partout.

L'espérance renait.

Mais à peine quelques pas, l'aspect change : il devient triste, sauvage, abrupte, désolé à navrer le cœur, comme à élever l'âme jusqu'au ciel !

Le bruit sourd, prolongé, lugubre du flot que l'on entend expirer sur la grève;

Le sifflement de l'aigle, ou du vautour, qui, d'un

vol rapide, vient, de la montagne au rivage, s'abattre sur sa proie;
L'effroi dans tous les éléments...

C'est le chaos !!

....

— Vous voulez fuir ?
Un bouquet de pins s'offre à vos regards, allons nous y tapir. Ses senteurs résineuses rafraichiront nos poitrines haletantes et nous prédisposeront au reste de la route.

Oh ! elle est douce et consolante, celle-là, riante et gaie comme le port après la tempête ; les bois, les eaux, la verdure, y sont reproduits, sous mille formes, par des sentiers en spirale et sans fin.

Cortége complet de la grâce ! bordé par la belle route de la belle Espagne, que la voie ferrée vient côtoyer, et toutes deux ensemble longent la mer.

Trois modes de locomotion qui se touchent...

La civilisation !!

....

Nous avons parcouru le *Bois de Boulogne*, lequel, ce nous semble, serait beaucoup mieux appelé le bois *de Biarritz* dont il emprunte les fastes.

Il n'a rien de commun avec son homonyme :

Ici, la nature a tout créé ; la main de l'homme ne lui sert que d'indice ;

Là, rien qui ne révèle le génie humain.

Le grandiose du *Lac de la Négresse* vous a-t-il trop imposé, traversons la route, puis engagez-vous courageusement dans ce chemin creux qui vous fait face.

Il va vous conduire au délicieux petit étang de *Marion* qu'il vous faudra chercher beaucoup peut-être, caché qu'il est dans un épais massif d'arbres.

Nous le découvrons enfin, car il n'est pas si coquet qu'il ne se laisse entrevoir par quelque clairière (il vous livre même, sans l'avouer, un accès assez facile). Asseyez-vous sur ses bords de gazon, et sans gêne aucune : maintenant qu'il vous a reçus, il n'aura plus rien à vous refuser ; vous pourrez même lui jeter des filets et en retirer nombre de poissons que la limpidité des eaux vous montre, de tous côtés, en groupes frétillants.

Leurs ébats pourtant (le mal, hélas! partout n'est-il pas à côté du bien) sont souvent arrêtés court par la présence d'un monstre... oui, d'un monstre, un brochet de 2 mètres !

— C'est ainsi que cette flaque d'eau s'entend à engraisser ses hôtes. —

Une haie de lauriers en fleurs, haute comme une muraille, vous indique le chemin du retour.

De cette petite lande que longent vos pas, remerciez, d'un regard en arrière, les montagnes qui ont revêtu pour vous leur riche manteau de velours bleu.

Suivez enfin jusqu'à cette route de *la Négresse*, qui se termine—prenant alors le nom de *Cours Impérial*—en une double bordure de roses, de tamaris et de lauriers.

Donnez, en passant, un souvenir à cette propriété de *Grammont*, 1re loge de face, artistement ornée, du spectacle admirable qu'en ce moment vous offre Biarritz !

Il vous est loisible, en quittant la route de *la Négresse*, à la hauteur de l'église, et sur la gauche, de prendre, pour rentrer en ville, deux chemins dont le premier, garni bientôt de maisons qui forment tout un quartier, court à la mer ;

Le second, dit *le Chemin des Champs*, suit les hauteurs du pays dont il découvre les plus merveilleux sites, pour déboucher à un centre populeux.

Presque à son extrémité, tournez ce sentier, resserré entre deux haies, qui vous conduit, en quelques minutes, à un emplacement spacieux et parfaitement approprié à sa destination, laquelle vous reconnaissez aussitôt pour un *Jeu de Paume*.

Vous assisterez au plaisir favori des *Basques*, comme des *Biarrots* qui en ont les mœurs, les goûts, les aptitudes.

Ne sont-ils pas, en effet, leurs voisins et même un peu leurs frères...

Noble origine! berceau de la plus antique indépendance.

Vous jugerez alors combien excellent dans tous les exercices du corps, ces hommes intelligents, agiles et robustes.

Divers autres jeux sont répartis sur la place, mais le plus suivi — celui qui y règne en maître — c'est le jeu de paume.

Des gradins disposés *ad hoc*, vous offrent rang au théâtre, et je vous promets que les heures y passeront vite.

Ce lieu a vu parfois aussi des *Courses de Taureaux*, et c'est une transformation qui pourrait bien se renouveler à votre profit.

Les distractions ne vous feront donc pas défaut ici et au dehors par les plus tristes jours.

La pluie elle-même n'y mettra point arrêt; car si elle attarde quelques instants votre sortie, sa trace sera vite effacée sur un sol sablonneux, caillouté, macadamisé.

Et c'est encore là un des priviléges de Biarritz.

Privilége si précieux en hiver !

Ce tableau bien mouvant déjà par lui-même, est animé, embelli encore par la présence de nombreux Bayonnais qui viennent, chaque jour, en somptueux équipages, égayer leurs loisirs ou se retremper de la fatigue des affaires dans leur *Ingouville*, leur *St-Cloud*.

．·．

Demain, s'il vous plait, nous dirigerons nos pas d'un autre côté.

Mais vous serez fatigués sans doute, l'excursion d'ailleurs sera longue et nous aurons, je vous l'assure, grand choix de chevaux, comme de voitures de toutes sortes : omnibus parfaitement organisés, calèches élégantes, etc.

．·．

En sortant de Biarritz, deux routes (on vous prodigue les moyens de parcours) mènent à la grande ligne d'Espagne, laquelle aboutit à Bayonne. Vers l'embranchement de celle qui pointe à la montagne, s'étale la pelouse des Glacis, où votre attention est attirée par un groupe de femmes aux membrures agiles et nerveuses, dansant un *fandango*, jusqu'à l'arrivée de leurs compagnes qui courent encore les rues de Bayonne, pour y vendre, à cris impossibles, le poisson qu'elles viennent d'apporter, au pas gymnastique et corbeille en tête, de Saint-Jean-de-Luz — 20 kilomètres de là ! — Elles ont hâte d'aller chercher une charge nouvelle, et leur impatience ne peut se calmer que dans la danse la plus effrénée du monde...

Tournons à gauche, jusqu'à l'*Adour*.

Nom poétique ! et que porte si bien ce fleuve aux eaux limpides, baignant les rives les plus riantes, les plus délicieuses.

Voyez comme il caresse amoureusement un côté de la jolie ville qui a cependant une infidélité à lui reprocher ; mais — il y a longtemps de ça, — elle l'a oublié.

La mer, moins généreuse, pour venger sa fille adoptive et bien-aimée de ce caprice qu'elle n'avait pas autorisé sans doute (il serait trop honteux de dire qu'elle l'avait provoqué), a rappelé l'Adour dans son lit et lui tient une barre en travers.

Grande affliction, vraiment ! — même pour la partie vengée, ainsi qu'il arrive toujours. —

Les beaux arbres des Allées-Marines nous distraient de cette tristesse. Les embarcations d'ailleurs qui encombrent le port et s'en vont gaîment, l'une après l'autre, quelquefois de compagnie, gagner la passe en cadence, nous rassurent et excitent nos pas.

C'est qu'après un parcours de quelques kilomètres à travers bois et buissons, nous déboucherons par une route élégante, en pleine vue de l'Océan...

Nous verrons alors ces pauvres navires perdre leur folle gaîté et se mettre en garde contre les flots qui leur disputent le passage. Lutte terrible ! où trop de victimes se voient jetées à la côte.

Elles y giseraient, hélas ! bien longtemps sur le flanc, si une main habile ne venait les relever aussitôt.

— En route, et à gauche.

N'appréhendez pas de voir ainsi le cocher lancer ses chevaux à travers les dunes : un sol ferme reçoit leurs pas et des talus de sable, des deux côtés, leur démontrent l'inutilité du mors aux dents.

Saluez, au passage et avec respect, l'établissement de l'abbé *Cestac*, cette conquête de la patience humaine sur le néant !...

Nous voici au pied du Phare.

Considérez Biarritz qui se déploie devant vous comme un éventail étincelant des plus vives couleurs ;

Et, si vous vous sentez des jambes, montez jusqu'à la plate-forme :

Vous embrasserez d'un regard ce riche et vaste pays, immense mosaïque de bois, de vallons, de prairies, de rivières, de champs et de landes, de hameaux et de cités, encadrée par la mer et les montagnes...

LA NATURE TOUT ENTIÈRE !!!

....

L'heure n'est pas tellement avancée, que vous ne puissiez aller jusqu'à l'*Atalaye*, contempler un coucher de soleil sur la montagne...

— L'été, c'est la mer qu'il préfère, cet astre capricieux, et c'est juste. —

Si les splendeurs indescriptibles de cette scène céleste ne vous ont pas complétement ébloui, revenez là, vers la nuit, admirer un incendie dans les Pyrénées...

Puis demain encore, pour assister peut-être à une tempête de l'Océan...

Car, de ce promontoire féerique, la nature vous prodiguera tour à tour ses plus grands spectacles.

Où donc ailleurs la vie contemplative trouverait-elle autant de variété, d'éclat et de magnificence !

....

De la pointe du promontoire un sentier se précipite au port et, comme dernière étape, allez vous nicher au bas de ce rocher menaçant ruine à chaque instant, mais que bien des siècles sans doute verront encore suspendu ainsi vers l'abime.

Un charmant escalier, scellé à son flanc, et dont une extrémité se greffe à la sente rapide, l'autre plonge dans l'onde, vous fait de ses marches autant de siéges que de pas avec un dossier pour chacun.

Descendez encore jusqu'à ce que votre vue aperçoive, à droite, cette chapelle au style *roman*, assise sur la falaise et si près du bord que, de là, vous tremblez de la voir s'abimer; puis cette tour *moyen-âge* du Casino, ce joli castel *gothique* ou *renaissance*, posé sur la pelouse comme un jouet d'enfant, enfin, ce château *Louis XIII*, plus sévère sur son rocher que garde la sentinelle ;

Vous aurez ainsi un groupe de tous les âges (spécimen qui date d'hier), épars, en ordre chronologique, à travers des roches séculaires battues, limées, trouées par les vagues...

— Le plus curieux coup d'œil, à mon avis, dont il soit donné de jouir ici. —

Oh! vous que la foule, l'encombrement, le tumulte, n'attirent et ne séduisent pas avant tout, venez jouir là d'un calme, d'une quiétude, si favorables à vos goûts, si propices à votre santé.

Venez vous y reposer des ennuis, des amertumes et des douleurs de la vie,

La vie ! ce foyer qui s'allume par une plainte, se consume en un cri, s'éteint dans un sanglot :

— A chaque âge, sa souffrance. —

Seul dans l'immensité du ciel, dans l'horizon de la mer, assis sur un rocher discret, vous laisserez libre cours à vos pensées qu'un souffle consolant ira porter aux régions de Dieu... ou perdra dans l'espace...

....

*
* *

Combien d'autres pérégrinations, et des plus séduisantes, resteront encore à faire. Mais les jours vous appartiennent, et chacun d'eux sera marqué par un bonheur nouveau.

Car tout est joie dans cette oasis du Sud-Ouest de la France, parce que le ciel lui sourit sans cesse.

Les aspects changent à chaque heure, selon la direction des vents, les phases du soleil, les degrés de la marée.

Tout y est mouvement et l'homme suit l'instinct de la nature :

L'esprit voltige dans l'air, la mélodie charme les rues, la danse s'implante partout.

Pauvres habitants du Nord, qu'un froid climat étreint, assombrit, vous aussi accourez donc en ces heureux parages, prendre part à cette hilarité générale qui débordera sur vous, pour vous emporter dans un tourbillon de joies...

....

*
* *

L'intempérie qui ailleurs séquestre chacun chez soi, ne fera point obstacle à vos sorties. Si votre agrément ou votre santé vous poussent au dehors, ne craignez pas :

L'établissement du Port-Vieux, celui de la Côte, vous convieront à leurs galeries garanties contre les aquilons, abritées de la pluie et ouvertes au panorama de l'Océan, comme aux exhalaisons marines — un banc de varech de plus de 4 kilomètres, s'étend non loin de vous —

Une éclaircie survient-elle (et elle ne se fait pas longtemps attendre ici), acceptez ce moëlleux tapis que la mer vous a fait ; humez cette brume dont une seule prise vous vaudra dix bains.

Ne redoutez pas ce vent ferme et bruyant : si ses allures ne sont pas des plus gracieuses, sa tonicité vous en récompensera ; il sera pour vous le brutal bienfaisant.

*
* *

On vous promet tout bas, pour vous les donner au grand jour, bien d'autres surprises encore, préparées en silence, et dont l'une sera, tout simplement, merveille unique au monde.

IV.

Plaisirs mondains.

Mais le soir, en rentrant au logis, les uns, que le destin condamne à vivre seuls, viennent se heurter contre un regret; les autres bâillent en commun, à compte sur un tête-à-tête trop prolongé, et le besoin de distractions étrangères se fait sentir pour tous.

Ne vous inquiétez pas.

Les sons d'un vigoureux orchestre appelleront, de toutes parts, vos regards vers une salle perchée sur la colline, éclairée d'un lustre qui se perd dans la voûte étoilée; et, par une pente des plus faciles, vous surprendrez un essaim de jeunes filles au *paillaca*, ravissante coiffure, coiffure inimitable, qu'elles portent si *vaillamment*, et de jeunes gens à la ceinture rouge, dessinant leur taille fine, souple, élégante à faire envie aux plus incroyables dandys.

S'il ne vous plaît de rester à la porte, entrez sans hésiter, car vous serez courtoisement reçus par cette jeunesse habituée à la bonne société.

Pendant de longues heures — en certaines circonstances du soir au matin — vous aurez le loisir de voir, d'admirer une scène prodigieuse et de prendre part au vertige.

Si vous n'en avez assez, le lendemain les mêmes jarrets — des jarrets d'acier — recommenceront la danse,

— Et je doute qu'alors vous soyez des leurs. —

* *
*

Votre habitude exige peut-être les manières plus cérémonieuses du salon, et vous cherchez où peuvent se réunir ces familles étrangères que vous avez remarquées, dans le jour, par leur maintien sévère, leur tenue irréprochable.

Vous le saurez bientôt, car leurs réunions font bruit ; et, si vous avez l'honneur d'y être admis, vous goûterez là des plaisirs du monde, sur le meilleur ton.

★
★ ★

Vous faut-il enfin soirées et bals, concerts et spectacles, les fêtes et tout le fracas de la ville ?

Vous irez les demander à la cité voisine, gracieusement assise sur son mamelon, et défendue par ses remparts terribles pour le téméraire, mais souriants à l'ami comme une couronne de verdure, BAYONNE, la coquette *Nunquàm polluta*.

UN PARISIEN.   J. S.

Biarrits, le 12 mars 1862.

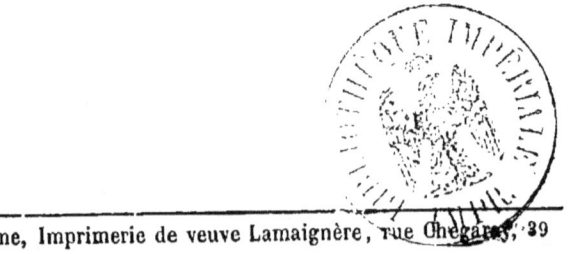

Bayonne, Imprimerie de veuve Lamaignère, rue Chegaray, 39

www.ingramcontent.com/pod-product-compliance
Lightning Source LLC
Chambersburg PA
CBHW070456080426
42451CB00025B/2767